EAUX THERMALES ET MINÉRALES

DE

BOURBON-LANCY

LYON. — IMPRIMERIE PITRAT AINÉ, RUE GENTIL, 4.

EAUX THERMALES ET MINÉRALES

DE

BOURBON-LANCY

— SAONE-ET-LOIRE —

ÉTUDE CHIMIQUE

PAR

A. GLÉNARD

CHEVALIER DE LA LÉGION D'HONNEUR, OFFICIER DE L'INSTRUCTION PUBLIQUE
PROFESSEUR DE CHIMIE
A LA FACULTÉ DE MÉDECINE ET DE PHARMACIE DE LYON
PRÉSIDENT DU CONSEIL D'HYGIÈNE DE LYON
CORRESPONDANT DE L'ACADÉMIE DE MÉDECINE DE PARIS
ETC., ETC.

PARIS

LIBRAIRIE J.-B. BAILLIÈRE ET FILS

19, rue Hautefeuille, près du boulevard Saint-Germain

LONDRES
BAILLIÈRE TINDALL AND COX
20, King William street

MADRID
CARLOS BAILLY-BAILLIÈRE
Plaza de Topete, 8

1881

EAUX THERMALES ET MINÉRALES

DE

BOURBON-LANCY

— ÉTUDE CHIMIQUE —

Les sources thermales de Bourbon-Lancy sont très anciennement connues. Les Romains, qui en appréciaient toute l'importance, exécutèrent de grands travaux pour les capter et les recueillir et construisirent auprès d'elles des thermes que les historiens ont placés parmi les plus beaux qu'ils aient édifiés.

La station thermale de Bourbon-Lancy ou plutôt d'*Aquæ Nisinii* comme on l'appelait alors du nom du capitaine Nisinius à qui on attribue la fondation ou la restauration des thermes, fut très florissante pendant l'époque gallo-romaine, les étrangers y affluaient de toutes parts, attirés par la renommée de ses eaux.

Dévastés pendant les guerres qui suivirent la chute de l'empire romain, les thermes de Bourbon tombèrent dans une sorte d'abandon d'où ils furent longtemps à se relever. Les travaux de restauration entrepris par Henri III et continués par Louis XIII et par Henri IV, ne leur rendirent pas complètement leur ancienne splendeur, mais ils leur donnèrent une nouvelle ère de prospérité. On les voit en effet, à partir de 1580, fréquentés par des reines de France et par les personnages les plus distingués du royaume. Mais ces thermes étaient destinés à subir d'autres et plus grands désastres. Ils furent ruinés de nouveau et complètement pendant la révolution de 1789. Les sources qui appartenaient aux États de Bourgogne devinrent la propriété de l'État. L'empereur Napoléon, en 1805, en fit don à l'hospice de Bourbon-Lancy.

Le nouveau propriétaire n'était pas assez riche pour relever de pareilles ruines; il dut se borner à faire les réparations ou constructions urgentes et dans la mesure de ses ressources. C'était, paraît-il, bien insuffisant, car en 1837, Pâtissier et Boutron-Charion dans leur *Manuel des eaux minérales* constatent que *l'établissement thermal est bien loin de répondre à l'importance des sources*, et vont jusqu'à dire que *l'état actuel est une véritable calamité*.

Cet état devait se prolonger longtemps encore et la station de Bourbon-Lancy, condamnée à l'immobilité quand les autres se transformaient, se perfectionnaient, était exposée à voir se détourner d'elle ce courant qui porte les populations aux stations balnéaires.

Mais ce que l'hospice ne pouvait faire, une société de capitalistes a réussi à l'accomplir. La station de Bourbon a été rétablie par elle dans une situation digne de son passé, et elle peut lutter aujourd'hui avec ses plus belles rivales.

Cette société, soit qu'elle ait voulu s'assurer si la composition de ses sources n'avait subi aucun changement, soit qu'elle ait pensé que cette composition n'était pas parfaitement connue, a désiré qu'une nouvelle analyse fût faite de ses eaux et elle m'en a proposé l'exécution. L'intérêt que me semblait devoir présenter l'étude de sources si anciennes et si renommées me détermina à accepter cette tâche et m'amena ainsi à faire le travail qui va être exposé dans les pages suivantes.

I

EXAMEN PHYSIQUE

SITUATION DE L'ÉTABLISSEMENT THERMAL ET DES SOURCES

L'établissement thermal est situé à Saint-Léger, faubourg de Bourbon-Lancy, au pied même de la colline sur laquelle s'élève la ville. Il occupe un vaste emplacement qui, large de 27 mètres s'étend de l'est à l'ouest sur une longueur de 60 mètres à partir de la place Saint-Léger et dont le sol se trouve abaissé de 2m50 au-dessous de celui de cette place. L'abaissement du sol en ce lieu n'est point le fait de circonstances naturelles; il a été produit, sinon en totalité au moins pour la plus grande partie par les organisateurs des thermes dans le but de mettre le niveau du sol et celui qu'atteignaient les sources dans les rapports les plus propres à faciliter la distribution des eaux dans les piscines et dans les bains.

Cet emplacement est borné au midi et dans toute son étendue par un rocher de granit coupé à pic de 12 à 15 mètres d'élévation et dont la nudité se dissimule sous une abondante végétation de plantes et arbustes divers. Ce rocher a évidemment été taillé par les Romains lors des travaux qu'ils ont faits pour le captage des sources et l'établissement des puits.

Sur le côté nord, le long de la route qui mène au parc et en retour sur le côté ouest s'élève le bâtiment des bains, construction imposante par ses dimensions et à laquelle ses épaisses arcades du rez-de-chaussée, ses vastes galeries à colonnes du premier et du deuxième étages donnent un aspect à la fois élégant et sévère.

Entre le bâtiment et le rocher existe un grand espace libre qui forme comme une vaste cour close de toutes parts. C'est dans cette cour que se trouvent les sources minérales ; elles y sont représentées par cinq puits d'inégale dimension, de forme variée, dont les bords, excepté pour l'un d'eux, s'élèvent à cinquante ou soixante centimètres au-dessus du sol. Ces puits sont placés à la suite les uns des autres tout près du rocher et parallèlement avec lui ; une distance qui varie entre 6 et 8 mètres les sépare entre eux.

Outre ces puits, on voit dans la cour deux immenses bassins ou réservoirs; ce sont les bassins dits de réfrigération, ainsi nommés parce qu'on y fait refroidir l'eau des sources trop chaude pour être employée immédiatement dans les bains. L'un de ces bassins, le plus grand, dont les dimensions tant en profondeur qu'en surface sont vraiment considérables, date des Romains ; c'était la piscine ou le bain de César. Construite en marbre blanc bien poli, enrichie de nombreuses statues et d'ornements variés, cette piscine devait être bien belle; c'est l'idée que s'en sont faite tous ceux qui ont été à même d'en connaître les ruines. Les accidents survenus pendant une longue série de siècles, les remaniements qu'on lui a fait subir en suite d'un changement de destination en ont modifié les dispositions et la configuration et en ont fait le simple bassin de réfrigération que l'on voit aujourd'hui et qui n'a de remarquable que sa grandeur.

La description qui précède, toute succincte qu'elle soit, donnera, je l'espère, une idée suffisante de l'ensemble des choses; je puis donc aborder maintenant l'examen et l'étude des eaux.

Description physique. — Les sources provenant de grandes profondeurs sont recueillies dans des puits où elles pénètrent par la partie inférieure. Ces puits sont désignés par des noms différents; le premier, qui est tout près de l'escalier qui conduit à la place Saint-Léger, est appelé Grand-Puits ou Lymbe, le second Saint-Léger ; viennent ensuite Valois (anciennement Marguerite) puis la Reine, ainsi nommée en souvenir de la reine Louise de Lorraine, épouse de Henri III, qui, en 1580, en fit faire la réparation ; enfin la fontaine Descures, qui tire son nom de celui du seigneur Descures, qui l'aurait, dit-on, retrouvée dans les décombres où elle s'était comme perdue. L'eau dans ces puits atteint un niveau qui, suivant la détermination faite en 1874 par M. Jutier, ingénieur en chef des mines, est sensiblement le même pour chaque puits et doit être fixé à la cote de 241 m. 50. Cette identité dans les niveaux est intéressante à noter, car en montrant que les eaux qui remplissent ces puits prennent leur origine à une même altitude, elle fait naître cette pensée que ces eaux ne représentent pas autant de sources indépendantes, mais qu'elles ne sont que des filets soit naturels, soit artificiels d'une même source, d'une source mère. C'est un point sur lequel j'aurai à revenir plus tard.

Débit. — La quantité d'eau fournie par ces sources est considérable. M. Jutier, qui en a fait le jaugeage en 1874, l'évalue à 402 m. c. 136 en vingt-quatre heures. Mais cette quantité d'eau est très inégalement répartie entre les diverses fontaines ; voici en mètres cubes ce que donne chacune d'elles en vingt-quatre heures :

	M. C.
Limbe	313.387
Saint-Léger	8.228
Valois	5.332
Reine	31.999
Descures	43.200

Comme on voit, le puits du Limbe est de beaucoup le plus important, il fournit à lui seul plus des trois quarts de la masse aqueuse; c'est donc celui qui doit offrir au plus haut point les caractères qui distinguent l'eau de Bourbon-Lancy. Aussi dans ce que je vais dire et pour éviter d'inutiles répétitions je m'occuperai spécialement de cette source ; je ne parlerai des autres qu'autant que j'aurai quelques différencesàsignaler.

Le Limbe est le plus grand des cinq puits existants ; aussi l'appelait-on grand puits. Il est de forme circulaire ; sa profondeur est de 6m62 ; son diamètre pris en dedans de la margelle est de 4m12. Mais ce diamètre n'est pas le même dans toute la hauteur du puits. On peut le représenter comme formé de plusieurs sections de cylindre posées les unes sur les autres et dont le diamètre diminue à mesure qu'elles s'enfoncent davantage dans la terre, de telle sorte qu'à l'intérieur il paraît disposé en gradins. La margelle de ce puits ne s'élève que de quelques centimètres au-dessus du sol; aussi est-il entouré d'une balustrade protectrice. Ses parois sont traversées à diverses hauteurs par des tuyaux qui font saillie à l'intérieur et par lesquels, grâce aux vannes dont leur orifice est muni, on peut à volonté diriger l'eau dans les étuves, dans les bains ou dans le grand bassin réfrigérant. Lorsque toutes les vannes sont abaissées, le puits se remplit complètement, l'eau vient en affleurer les bords et s'écoule par un trop-plein.

Des vapeurs plus ou moins épaisses suivant l'état de l'atmosphère s'élèvent constamment au-dessus du Limbe et se répandent tout autour; auprès de lui il semble que l'air soit plus chaud.

La masse aqueuse est traversée dans toute son épaisseur par de gros bouillons qui lui donnent l'aspect de l'eau en ébullition. Ce phénomène est dû à des gaz qui pénètrent dans le puits en même temps que l'eau et qui sous la forme de bulles plus ou moins grosses s'élèvent dans la colonne liquide et viennent crever à sa surface. Suivant divers auteurs, ce bouillonnement, ce dégagement gazeux, serait plus prononcé dans les temps d'orage. Je n'ai pas eu l'occasion de vérifier cette assertion, mais une expérience bien simple que j'ai faite bien des fois m'en a prouvé l'exactitude. Cette expérience consiste à abaisser le niveau de l'eau dans le puits, ce qui peut se faire aisément en levant la vanne d'un des conduits dont il a été parlé plus haut. A peine le niveau est-il descendu de quelques centimètres que l'on voit augmenter le bouillonnement et les bulles de gaz arriver et s'élever plus nombreuses et plus rapides.

Cette expérience montre évidemment l'influence qu'exerce la pression sur le dégagement gazeux. Or la pression totale ici est produite par la colonne d'eau et par l'atmosphère ; que cette pression diminue soit spontanément comme cela a lieu dans les temps d'orage où l'on voit descendre la colonne barométrique, soit par le fait d'un abaissement du niveau de l'eau, et le même résultat devra se produire ; dans l'un comme dans l'autre cas les gaz se dégageront plus facilement. On doit donc admettre comme vraie l'assertion que j'ai citée et qui d'ailleurs est conforme aux observations faites auprès de nombreuses sources.

Les autres puits présentent des phénomènes analogues, mais à un moindre degré.

Température. — Quand on plonge la main dans l'eau du Limbe, « on ne saurait l'y souffrir l'espace d'un *Pater* sans se brûler. »

C'est sous cette forme à la fois expressive et ingénue, mais dont la précision laisse beaucoup à désirer, que je trouve évaluée dans un vieux livre la température de cette eau. Voici sous une forme moins pittoresque il est vrai, mais plus scientifique, l'indication de cette température telle qu'elle résulte de la détermination que j'en ai faite :

Le 27 septembre 1880 la température extérieure étant à 16°,75, la pression barométrique à 74°,25 ; j'ai pris, à l'aide d'un bon thermomètre à mercure, la température de toutes les sources en m'entourant de toutes les précautions usitées en pareil cas ; j'ai trouvé les résultats suivants :

	Limbe	Saint-Léger	Valois	Reine	Descures
Température . .	56	46	46	50	49

Ces chiffres montrent que la température n'est pas la même dans chaque source et que c'est dans le Limbe qu'elle est la plus élevée.

J'ai voulu comparer ces chiffres avec ceux trouvés par d'autres observateurs ; les recherches que j'ai faites à ce sujet dans les divers ouvrages où il est traité des eaux de Bourbon-Lancy m'ont fourni les résultats que je résume dans le tableau ci-après :

		LIMBE	SAINT-LÉGER	VALOIS	REINE	DESCURES
Alibert . .	1826	57,5	48.8	»	42.5	60
Tellier . .	1844	60	45	»	50	48
Rotureau .	1859	56	50	49	52	54,5
Jutier . .	1874	55.8	48,8	46,3	50,3	53,6
Glénard. .	1880	56	45	49	50	49

En admettant comme exactes et par conséquent comme comparables entre elles les déterminations consignées dans ce tableau, on voit que les eaux de Bourbon-Lancy ne se sont pas montrées également chaudes aux diverses époques où elles ont été examinées. Doit-on conclure de là que la température des sources n'est pas constante ? Non assurément. Une semblable conclusion, comme on va le voir, serait certainement une erreur.

C'est au puits et non à la source, qui est difficilement abordable, qu'on a pris la température de l'eau minérale. Il en résulte que nous connaissons la température de l'eau du puits, mais non celle de l'eau de la source, car on ne saurait conclure de l'une à l'autre attendu qu'elles ne se trouvent pas dans les mêmes conditions physiques. En effet dans le canal de la source l'eau ne séjourne pas, elle s'écoule à mesure de son arrivée, de telle sorte que le contenu du canal se vide complètement et incessamment. Il n'en est pas de même dans le puits. Celui-ci est une espèce de réservoir d'une capacité plus ou moins considérable dans lequel l'eau s'emmagasine, qu'elle remplit en un temps plus ou moins long suivant sa capacité et suivant le débit de la source et d'où elle ne s'écoule que lorsqu'il est plein ; la quantité d'eau qui arrive dans ce réservoir ou qui s'en écoule n'est jamais qu'une fraction de la masse aqueuse qui y est contenue. Dans ce puits où elle ne se renouvelle que partiellement, l'eau qui arrive avec une température élevée est nécessairement exposée à des causes de refroidissement, telles que l'évaporation qui se produit à sa surface, son contact avec l'atmosphère, avec le sol par l'intermédiaire des parois du puits. Sa température doit donc s'abaisser ; et elle s'abaisserait évidemment jusqu'à ce qu'elle fût en équilibre avec la température ambiante si une cause agissant en sens contraire ne tendait à la relever et à la maintenir au point initial. Cette cause c'est le courant d'eau chaude qui vient de la source et circule dans le puits où il apporte du calorique pour remplacer celui qui s'y perd. Mais la restitution ne pouvant être complète dans ces conditions, la température ne peut se maintenir au degré originel dans la masse aqueuse ; elle s'établit à un degré inférieur à celui de la source elle-même marqué par la différence entre la perte et le gain du calorique.

Ce degré ne peut être toujours le même, on le comprendra sans peine, il est nécessairement soumis à des variations en rapport avec celles des causes dont il dépend. Ainsi, que la température de l'air et celle du sol soient plus élevées, la déperdition de calorique qui a lieu dans le puits sera diminuée et par suite le degré thermométrique sera plus élevé aussi, plus rapproché de celui de la source. Cela est si vrai que l'on s'accorde généralement à dire que les eaux de Bourbon-Lancy sont plus chaudes en été qu'en hiver.

Il ressort de tout ceci que la température de l'eau des puits n'est et ne peut être la même que celle des sources ; que si l'une est variable, il ne s'ensuit pas que l'autre le soit. On aurait donc tort si par ce seul fait que les expériences thermométriques faites sur l'eau des puits à diverses époques n'ont pas donné les mêmes résultats, on se croyait autorisé à conclure que les sources de Bourbon-Lancy sont inconstantes dans leur température ; on affirmerait ainsi un fait que rien ne prouve et qui constituerait à mes yeux une véritable anomalie. Quant à moi, je crois que la température de ces sources est constante et qu'elle est plus élevée que celle des puits ; que celle du Limbe par conséquent dépasse 56°. Je ne serais point étonné que celle-ci atteignît et même dépassât 60°. Ce chiffre a été indiqué par Tellier en 1844.

Des considérations qui précèdent je tirerai encore une conséquence qui, bien que visant une question d'un autre ordre, trouve cependant sa place ici. Les cinq puits de Bourbon-Lancy ont chacun leur température propre. Est-ce une raison de croire que chacun de ces puits est alimenté par une source spéciale, distincte des autres ? Cette raison ne me semble pas suffisante, car cette différence de température me paraît pouvoir se concilier facilement avec l'hypothèse d'une source unique. En effet, supposons cette source unique alimentant tous les puits et admettons que tous ces puits soient d'égale capacité, ne suffira-t-il pas, pour y faire varier la température, de varier aussi la quantité d'eau chaude venant de la source qui y pénètre dans un temps donné ? Or, si on jette les yeux sur le tableau ci-après où se trouvent réunies les diverses indications qui ont été données isolément on verra que quelque chose de semblable a lieu dans les puits de Bourbon. On y constate en effet que la température de ces puits est en rapport avec le débit des sources; que là où ce débit est le plus grand par rapport au volume d'eau contenu dans le puits, là se trouve aussi le plus haut degré thermométrique. Cette différence de température qui existe entre les puits ne saurait donc être considérée comme une preuve de la pluralité des sources.

PUITS	DIAMÈTRE SUPÉRIEUR EN DEDANS	PROFONDEUR à partir du NIVEAU DE L'EAU	COTE DE NIVEAU DE L'EAU	DÉBIT EN 24 H. MÈTRES CUBES	TEMPÉRATUR (Jutier)
Limbe. . .	4m 12	6m 62	241m 513	313m 387	55,8
Saint-Léger .	1 66	2 71	241 570	8 228	48,8
Valois. . .	1 55	2 30	241 485	5 332	46,3
Reine . . .	2 47	3 08	241 510	31 999	50
Descures. .	1 12	2 62	241 512	43 200	53,6

COULEUR. — Examinée en masse l'eau a une teinte verte prononcée; mais dans un verre ou une carafe elle est incolore et parfaitement transparente. On pourrait croire que cette teinte verte est le résultat de reflets provenant des conserves qui tapissent les parois des puits; mais il est facile de se convaincre qu'elle appartient bien à l'eau elle-même. Il suffit pour cela d'examiner le corps d'un baigneur dans la piscine. Toute la partie du corps qui plonge dans l'eau prend une teinte verdâtre pâle bien différente de celle de la partie restée hors de l'eau.

(1) Un fait survenu récemment démontre la justesse des explications que je viens de donner.

Une fuite s'étant déclarée dans les conduits qui amènent l'eau au puits de Descures, le niveau de l'eau dans ce puits est descendu de 0m,60, et la température est tombée à 32°.

Après réparation de la fuite, l'eau a repris son niveau et la température est remontée à 54° où elle s'est maintenue. Cela prouve évidemment le rapport qui existe entre la température de chaque puits et la quantité d'eau qui y arrive dans un temps donné.

Odeur. — Flairée dans un verre à moitié plein où on vient de l'agiter, elle offre une très légère odeur nullement sulfureuse qu'il est difficile de définir. Cette odeur, qui se prononce davantage lorsqu'on respire les vapeurs qui émanent des puits, est celle qu'on a désignée sous le nom de *bouillon de veau*. Je la crois d'origine organique, elle doit être produite par les conferves qui végètent dans l'eau; car celles-ci, après lavage et dessiccation, la présentent encore.

Saveur. — Goûtée chaude, cette eau n'a au premier moment qu'une saveur à peine sensible; mais après avoir été ingérée elle laisse dans la bouche un goût de saumure très faible qui n'a rien de désagréable ; froide, son goût est un peu plus prononcé.

Toucher. — Au contact de cette eau on n'éprouve aucune sensation qui puisse être caractérisée ; je ne lui trouve pas cette onctuosité que divers auteurs lui ont attribuée.

Conferves. — Le phénomène qui frappe le plus lorsqu'on examine les puits, c'est la production incessante de conferves qui s'y effectue. Ces conferves, d'un beau vert émeraude foncé, sont très abondantes, elles revêtent les parois des puits dans toute leur étendue et profondeur; avec leurs innombrables bulles d'air qui brillent au soleil, elles y forment comme un tapis qu'on aurait semé de perles; de la surface plane des gradins de ces puits elles s'élèvent quelquefois à une hauteur de 15 à 20 centimètres et ressemblent alors à de véritables petites plantes pourvues de tiges et de rameaux; ce ne sont cependant que de petites masses d'une matière glaireuse adhérentes par quelques points à la pierre et qui sont distendues dans divers sens par des gaz qu'elles ont emprisonnés et qui tendent à s'échapper.

Ces petites masses, lorsque le gaz s'y est accumulé en quantité suffisante, cèdent à ses efforts, se détachent de la pierre et gagnent avec lui la surface de l'eau, où elles s'altèrent peu à peu.

C'est sans doute de cette espèce de plante qu'Aubéry a voulu parler lorsqu'il dit : « En plusieurs lieux, par marque de de la santé de ces eaux et pour enseigne de la vie qu'elles méliorent et prolongent, dans les joints des ciments croît cette merveilleuse plante *Salvia vita* conservant le teint de sa verdeur au hâle de ces vapeurs soufrées. »

Ces conferves qui naissent ainsi dans ces eaux si chaudes, qui y accomplissent leur existence, offrent un sujet d'étude des plus intéressants. MM. de Laurès et Becquerel ont publié sur celles qui se produisent dans les eaux de Néus et qui sont certainement les mêmes que celles des eaux de Bourbon, un travail très remarquable ; mais diverses observations que j'ai eu occasion de faire m'ont montré que ce sujet n'avait point été épuisé par ces savants et que même après d'aussi habiles investigateurs il pouvait encore fournir la matière de fructueuses recherches. J'ai entrepris ces recherches avec mon fils le docteur Frantz Glénard, médecin de l'établissement thermal de Bourbon-Lancy, et nous en ferons connaître plus tard les résultats. Je ne m'occuperai donc pas davantage pour le moment de ces conferves, réservant ce que j'ai à en dire pour le mémoire dont elles feront l'objet.

J'arrive maintenant à l'examen chimique des eaux de Bourbon-Lancy. Dans ce qui suit je vais exposer les recherches que j'ai faites pour arriver à connaître la composition de ces eaux ; j'entrerai à ce sujet dans des détails que l'on trouvera peut-être trop minutieux, inutiles même, mais que je crois nécessaires pour qu'on puisse apprécier la valeur des résultats.

II

EXAMEN CHIMIQUE

1° — DÉTERMINATION QUALITATIVE DES PRINCIPES QUI MINÉRALISENT LES EAUX DE BOURBON-LANCY

ESSAIS PAR LES RÉACTIFS. — L'eau de Bourbon, quelque soit le puits où on la prenne, se comporte ainsi qu'il suit :

Une goutte de solution de tournesol introduite dans l'eau placée dans un verre colore le liquide en bleu et il ne s'y produit aucun changement de couleur.

Une goutte de *teinture de campêche* mêlée à l'eau lui donne immédiatement une teinte rouge.

Le papier de *curcuma* plongé dans l'eau ne change pas de couleur.

Un acide minéral mis en contact avec l'eau froide n'y produi timmédiatement aucun phénomène visible, mais après quelques instants on voit apparaître des bulles de gaz sur les parois du verre, et si on chauffe, il se dégage de l'acide carbonique.

L'*eau de chaux* produit un précipité qui ne se redissout pas dans un excès d'eau.

L'*ammoniaque* n'exerce aucune action apparente au premier moment, mais après un certain temps, le liquide se trouble et forme un léger précipité blanc.

L'*oxalate d'ammoniaque* produit un précipité blanc assez marqué.

La *teinture de savon* donne à l'eau une teinte opaline, mais n'y produit pas de grumeaux.

Dans l'eau acidulée par l'acide azotique, le chlorure de barium détermine un trouble d'où résulte, mais après quelques heures seulement, un très faible dépôt blanc.

Le *nitrate d'argent* additionné d'acide azotique donne immédiatement un précipité abondant parfaitement blanc au premier moment.

L'*acétate de plomb* produit un précipité blanc.

Les *cyanures jaune et rouge de potassium et de fer, le sulfhydrate d'ammoniaque* ne paraissent exercer aucune action.

Si l'on prend de l'eau, après l'avoir fait refroidir à l'abri de l'air dans un vase bien bouché, et qu'on la chauffe graduellement au bain-marie, on remarque que jusque vers 70° il ne s'y produit aucune bulle de gaz; mais à partir de cette température et surtout si on fait bouillir, on constate le dégagement d'un gaz qui trouble l'eau de chaux et en même temps la formation d'un dépôt dans le liquide en ébullition.

Évaporée à sec dans une capsule au bain-marie, l'eau laisse un résidu blanc à peine teinté de jaune et qui brunit très faiblement lorsqu'on lui fait subir une légère torréfaction (1). Ce résidu traité par une très petite quantité d'eau distillée, donne une solution qui, essayée par le papier de curcuma après filtration, présente une réaction alcaline.

Abandonnée à elle-même dans un vase largement ouvert, sa surface se couvre çà et là d'une sorte de poussière dans laquelle à l'examen microscopique, on trouve des cristaux rhomboédriques de carbonate de chaux et de petits corps manifestement organisés qui semblent être des rudiments de conferves.

Conservée dans des bouteilles bien bouchées, l'eau ne subit aucune altération même après plusieurs mois. Cependant il m'est arrivé de déboucher des bouteilles qui présentaient une odeur putride très prononcée; j'ai constaté dans ce cas la présence de débris de conferves dans l'eau. Ce sont évidemment ces conferves qui, en altérant l'eau et s'altérant elles-mêmes,

(1) Ce caractère est plus prononcé dans le résidu de la source Descures que dans les autres.

avaient provoqué la formation d'acide sulfhydrique et de sulfhydrate d'ammoniaque. Un phénomène semblable doit certainement se passer dans le grand égout ou aqueduc romain, car des exhalaisons de même nature s'échappent des puits d'évent établis de distance en distance sur son parcours.

Les faits, les réactions qui viennent d'être exposés, fournissent d'utiles renseignements sur la composition de l'eau de Bourbon ; interprétés convenablement, ils montrent que parmi les substances qui minéralisent cette eau se trouvent les suivants : l'acide carbonique, l'acide sulfurique, le chlore ou l'acide chlorhydrique, la chaux.

Mais ces substances ne sont pas les seules que contiennent nos sources ; il en est d'autres qui, soit en raison de leur nature même, soit à cause de leur minime quantité, échappent à un examen aussi sommaire et qui, pour se révéler, exigent des recherches plus minutieuses et plus compliquées. Je vais dire comment j'ai procédé à ces recherches et les résultats que j'en ai obtenus.

20 litres d'eau ont été évaporés à sec dans une grande capsule de platine ; le résidu a été porté à la température de 120° où il a été maintenu pendant quelque temps. Il a été ensuite traité par l'eau distillée et lavé sur un filtre.

Ce résidu, qui représentait toutes les matières fixes primitivement contenues dans l'eau, s'est ainsi divisé en deux parties : l'une (A) en solution dans le liquide filtré, l'autre (B) insoluble et restée sur le filtre. Ces deux parties ont été examinées à part.

A. Matières solubles. — La solution, qui avait un volume d'environ trois quarts de litre, a été concentrée par l'évaporation et réduite à 100 cc. Par le refroidissement il s'y est formé des cristaux brillants dans lesquels il m'a été facile de reconnaître le sel marin ou chlorure de sodium.

J'ai pu constater directement dans ce liquide la présence d'un carbonate alcalin, de la potasse, d'un sulfate soluble.

En effet, ce liquide présentait une réaction fortement alcaline au papier de curcuma et faisait une vive effervescence au contact d'un acide.

Traité par un mélange d'hyposulfite de soude et d'une solution chlorhydrique de sous-nitrate de bismuth, conformément aux indications de M. Carnot, il a fourni le précipité jaune caractéristique de la potasse.

Mêlé avec un excès de chlorure de platine, puis additionné d'alcool fort, il a donné un dépôt jaune de chloroplatinate de potasse.

Sursaturé par l'acide nitrique, il a précipité abondamment par le chlorure de baryum. Cette dernière réaction a une certaine importance, car elle donne à penser que l'acide sulfurique, dont la présence a été déjà constatée directement dans l'eau, ne s'y trouve pas à l'état de sulfate de chaux, mais de sulfate alcalin; et cette manière de voir serait confirmée par ce fait que dans la solution des matières solubles, l'oxalate d'ammoniaque n'a révélé que des traces insignifiantes de chaux.

Le liquide restant et qui n'avait été diminué que des quelques centimètres cubes consacrés aux essais précédents a été évaporé à sec. Le résidu salin a été divisé en deux parts destinées l'une à la recherche de la lithine, l'autre à celle de l'iode.

Lithine.— Une partie du résidu salin a été dissoute dans l'eau distillée et saturée par l'acide chlorhydrique, puis la solution a été de nouveau évaporée à sec. Le résidu salin, après avoir été séché à la température de 110 à 120°, a été finement pulvérisé et introduit dans un flacon pour y être lavé à plusieurs reprises avec un mélange d'alcool absolu et d'éther à parties égales. Le liquide éther-alcoolique provenant de ces lavages, après distillation de la plus grande partie et évaporation du reste au bain-marie, a laissé un faible résidu très déliquescent. Une trace de ce résidu portée à l'aide d'un fil de platine dans la flamme d'un bec de Bunsen l'a colorée immédiatement en rouge, et cette flamme, examinée au spectroscope, a montré vive et persistante cette raie qui, par sa couleur et par la place qu'elle occupe dans le spectre, caractérise le lithium.

Le résidu ayant été dissous dans l'eau, quelques gouttes de la solution ont été mises dans un petit tube, puis additionnées de phosphate de soude alcalinisé par de la soude caustique et légèrement chauffées ; il s'y est produit un léger précipité blanc et grenu.

Il résulte évidemment de ces essais que la lithine doit être inscrite au nombre des principes constituants de l'eau de Bourbon. On va voir qu'il en est de même pour l'iode.

Iode. — L'autre partie du résidu salin a été finement pulvérisée, puis lavée avec de l'alcool de 0,90. Le liquide alcoolique distillé et évaporé à sec a laissé un nouveau résidu d'apparence cristalline qui a été dissous dans quelques gouttes d'eau distillée. J'ai pu constater d'une façon très nette la présence de l'iode dans cette solution ; j'en ai introduit une partie dans un petit tube fermé, et après l'avoir additionnée d'une goutte d'eau amidonnée, j'y ai introduit, à l'aide d'un mince agitateur, de l'acide azotique fortement chargé de vapeurs nitreuses ; la couleur bleue de l'iodure d'amidon s'est produite aussitôt et d'une façon très prononcée. J'ai vainement cherché le brome dans le restant de la solution.

La quantité d'iode contenue dans l'eau de Bourbon est assez notable pour qu'on puisse en constater la présence dans le produit de l'évaporation d'un litre d'eau seulement. En effet si on traite ce produit par l'alcool, on obtient, en opérant comme il vient d'être dit, une solution aqueuse qui, additionnée d'amidon, donne immédiatement une couleur rouge violacée au contact de l'acide nitrique.

B. Matières insolubles. — Ces matières, obtenues comme il a été dit plus haut, ont été traitées par l'acide chlorhydrique qui a produit une vive effervescence et ne les a dissoutes qu'incomplètement; le tout a été évaporé ensuite à siccité dans une capsule; le résidu a été chauffé quelque temps vers 120°, puis repris par de l'eau contenant un peu d'acide chlorhydrique. Une portion assez notable est restée indissoute même après ébullition; c'était de la silice pure. Celle-ci ayant été séparée par filtration, le liquide a été évaporé de nouveau pour chasser l'excès d'acide, et son résidu traité par l'eau, où il s'est complètement dissous cette fois. La solution de couleur jaune a été additionnée d'ammoniaque en excès. Il s'y est formé un précipité gélatineux dont la couleur paraissait due à un mélange d'oxyde ferrique avec une matière incolore. La solution a été chauffée jusqu'à l'ébullition pour déterminer la réunion du précipité, puis passée sur un filtre. Il s'est écoulé un liquide incolore dans lequel, par l'oxalate d'ammoniaque et par le phosphate de soude successivement employés, j'ai constaté la chaux en abondance et la magnésie en petite quantité.

Le précipité resté sur le filtre a bruni un peu en se séchant; je l'ai détaché du filtre et j'en ai pris une très petite portion que j'ai chauffée sur une lame de platine avec un petit fragment de potasse caustique. Celle-ci, après quelques instants de fusion, a pris une teinte verte dont l'intensité prouvait que l'oxyde de manganèse formait une part importante du précipité.

J'ai fait une nouvelle dissolution du précipité au moyen de l'eau acidulée par l'aide chlorhydrique. Pour m'assurer si cette solution contenait du phosphate de chaux dont je soupçonnais l'existence, j'en ai pris quelques gouttes que j'ai chauffées dans un tube avec du molybdate acide d'ammoniaque. Le mélange a jauni, puis il s'est formé un dépôt jaune qui s'est bientôt réuni au fond du tube. Ce dépôt, lavé à plusieurs reprises par décantation, a été dissous par l'ammoniaque ; le réactif ammoniaco-magnésien introduit dans cette solution y a produit le précipité cristallin de phosphate ammoniaco-magnésien.

Dans une autre partie de la solution chlorhydrique j'ai pu constater la présence de la chaux au moyen de l'oxalate d'ammoniaque.

L'existence du phosphate de chaux dans le précipité et par conséquent dans l'eau s'est trouvée ainsi démontrée.

La solution chlorhydrique a été alors neutralisée aussi exactement que possible par l'ammoniaque et additionnée de sulfhydrate d'ammoniaque en excès qui a donné lieu tout d'abord à un trouble, puis à un dépôt noirâtre. Après 24 heures de repos dans un matras bouché, le liquide a été filtré. Le précipité resté sur le filtre ne m'a présenté à l'examen que j'en ai fait que du sulfure de fer et du sulfure de manganèse, je n'y ai pas trouvé d'alumine. Quant au liquide filtré et qui était coloré en jaune, j'avais à rechercher s'il contenait un sulfure soluble dans le sulfhydrate ammonique, tel que le sulfure d'arsenic. Pour cela je le sursaturai par l'acide chlorhydrique. Il se produisit un dégagement d'acide sulfhydrique en même temps que du soufre se sépara en donnant à la liqueur une apparence laiteuse d'un blanc jaunâtre. Par une ébullition suffisamment prolongée, le gaz sulfhydrique fut chassé et le précipité devint assez cohérent pour être facilement recueilli sur un petit filtre. Après avoir lavé soigneusement ce précipité à l'eau, je le traitai sur le filtre même par l'ammoniaque. Il changea de couleur et diminua sensiblement de volume. L'ammoniaque soumise à l'évaporation laissa un résidu d'un jaune sale. En soumettant ce résidu aux réactions appropriées j'ai reconnu nettement que c'était bien réellement du sulfure d'arsenic. L'arsenic existe donc certainement dans l'eau de Bourbon. On verra plus loin que j'ai pu le déceler suivant une autre méthode et aussi le doser.

Toutefois cette constatation de l'arsenic dans ce même liquide où j'avais trouvé de l'acide phosphorique venait mettre en doute l'existence de ce dernier que j'avais admise d'après les indications fournies par le molybdate d'ammoniaque. Il pouvait bien se faire en effet que le précipité obtenu par ce sel fût dû à de l'acide arsénique, puisque celui-ci se comporte vis-à-vis du molybdate d'ammoniaque comme l'acide phosphorique. C'était un point à éclaircir. Les recherches analogues que j'ai faites sur les matières insolubles des autres sources m'en ont fourni l'occasion. J'ai eu soin alors d'enlever au moyen d'un courant de gaz sulfhydrique tout l'arsenic contenu dans la liqueur qui devait être soumise à l'essai par le molybdate. Cette liqueur, après ce traitement, ayant encore donné le précipité jaune, l'existence de l'acide phosphorique, s'est trouvée ainsi démontrée.

Là se sont terminées mes expériences sur les matières insolubles obtenues par l'évaporation de l'eau minérale.

Pour être complet, je dois encore indiquer ici quelques recherches spéciales que j'ai faites dans le but de déceler certaines substances qu'on a rencontrées assez fréquemment dans les eaux minérales et qui n'avaient pu se manifester dans le cours des expériences précédentes. Ces substances sont le fluor, l'acide borique, l'ammoniaque. Malgré tout le soin que j'ai apporté à mes recherches, je n'ai pu découvrir trace de fluor ni d'acide borique. Quant à l'ammoniaque, sa présence m'a été nettement démontrée par les opérations suivantes.

2 grammes de sels solubles provenant de l'évaporation d'une certaine quantité d'eau ont été dissous dans 50 c. cubes d'eau distillée ; la solution a été mêlée avec un lait de chaux qui avait été bouilli et refroidi, puis introduite dans un matras communiquant avec un serpentin en verre convenablement refroidi dont l'extrémité plongeait dans un peu d'eau distillée, contenue dans un petit flacon ; j'ai porté la solution à l'ébullition ; après

quelques instants, j'ai pu constater que le liquide du flacon avait acquis une réaction alcaline très prononcée.

Le réactif de Nesstler ajouté directement dans l'eau a donné une coloration jaune qui, bien que faible, ne laissait pas de doute sur la présence de l'ammoniaque. J'aurai à revenir sur cette réaction à propos du dosage.

Ainsi donc les eaux de Bourbon-Lancy contiennent de l'ammoniaque; c'est là un fait que l'expérience a démontré, mais qu'il était facile de prévoir; car lorsqu'on examine les puits de Bourbon, lorsqu'on observe l'active végétation qui y a lieu, on comprend que de l'ammoniaque doive exister dans les eaux de ces puits. En effet, dans ces eaux, des conferves en abondance naissent et vivent; plongées entièrement jusqu'à plusieurs mètres de profondeur dans la masse aqueuse, sans rapport avec l'extérieur, elles doivent trouver dans ce milieu tous les matériaux nécessaires à leur développement; l'azote est un de leurs éléments; elles ont donc besoin d'azote pour se constituer; c'est dans l'eau seulement qu'elles doivent le prendre. Mais ces petites plantes, bien que rudimentaires, à moins qu'elles ne soient douées d'une faculté spéciale d'assimilation, ne sauraient s'accommoder de l'usage exclusif de cet azote en nature qui est dissous dans l'eau ou qui s'en dégage incessamment; il faut donc que cet élément leur soit présenté sous la forme où l'emploie la végétation, sous la forme d'ammoniaque. Ainsi l'ammoniaque est chose nécessaire à la vie des conferves; si donc celles-ci peuvent vivre et prospérer dans l'eau de Bourbon, c'est qu'elles y trouvent l'ammoniaque dont elles ont besoin. Il me parait évident que ce que je dis là n'est point particulier aux eaux dont je m'occupe, que cela doit s'appliquer à toutes celles où s'accomplissent de semblables phénomènes de végétation : si bien que je crois pouvoir, sans pour cela faire montre de témérité, généraliser le fait et poser en principe que toutes les eaux où vivent des conferves doivent contenir de l'ammoniaque. Bien entendu, je ne poserai pas le principe inverse, car il ne suffit pas qu'une eau contienne de l'ammoniaque pour que des conferves y prennent naissance.

Les expériences qui viennent d'être longuement rapportées m'ont conduit en définitive à distinguer un assez grand nombre de corps que je dois considérer comme les éléments constituants des eaux de Bourbon-Lancy. Je les rappelle dans le tableau qui termine ce chapitre; je les ai inscrits, me réservant d'examiner plus tard en quel état de combinaison ils se trouvent dans l'eau.

Je dois dire que toutes les sources ont été successivement examinées de la même manière et que toutes ont donné les mêmes résultats; qu'elles sont par conséquent identiques au point de vue de leur composition qualitative. Le tableau ci-après s'applique donc aux cinq puits et non à l'un d'eux :

Chlore.	Potasse.
Acide carbonique.	Chaux.
Acide sulfurique.	Magnésie.
Acide silicique.	Lithine.
Acide phosphorique.	Oxyde de fer.
Iode.	Oxyde de manganèse.
Arsenic.	Ammoniaque.
Soude.	Matière organique.

A ce tableau je dois ajouter l'oxygène et l'azote. Si je n'ai pas parlé de ces gaz jusqu'ici, c'est que je ne m'en suis occupé que dans le cours de mes recherches quantitatives.

II — DÉTERMINATION QUANTITATIVE DES PRINCIPES CONSTITUANTS DES EAUX DE BOURBON-LANCY

Les principes que j'ai eus à doser se divisent naturellement en deux catégories, les gaz et les principes fixes parmi lesquels je comprends l'acide carbonique combiné ; je m'occuperai tout d'abord des premiers.

Gaz. — Les produits gazeux que les puits de Bourbon offrent à notre étude ne se présentent pas tous dans les mêmes conditions. En effet les uns, pénétrant avec la source dans les puits, ne font que traverser la masse aqueuse pour se dissiper dans l'air ; je leur conserverai le nom de gaz spontanés sous lequel on les désigne habituellement ; les autres sont en dissolution dans l'eau et ne s'en échappent que sous l'influence de l'ébullition ; d'autres enfin se trouvent emprisonnés dans les conferves ou bien adhèrent à leur surface sous forme de petites bulles qui se détachent au moindre contact ; ce sont les gaz des conferves. Ces trois sortes de gaz ont été analysés à part.

Gaz spontanés. — C'est au Limbe que j'ai récolté le gaz qui devait servir à l'analyse parce que c'est là où le dégagement gazeux se fait de la façon la plus abondante et la plus continue. Mais la récolte du gaz présente là certaines difficultés qui tiennent à la conformation et aux dimensions du puits. J'ai dit autre part que le Limbe était formé de cylindres superposés dont le diamètre diminuait à mesure qu'ils s'enfonçaient davantage. Le premier cylindre, celui d'en haut, a $4^{m}12$ de diamètre ; je ne connais pas exactement le diamètre de celui du fond, mais je crois qu'il ne passe pas un mètre. Il résulte de là que les gaz qui pénètrent dans le puits, après s'être plus ou moins divisés dans l'étroit cylindre du fond, montent verticalement en bulles plus ou moins volumineuses et s'échappent de l'eau en se disséminant sur une surface qui correspond à celle du fond. C'est donc au milieu du puits, dans un cercle distant d'un mètre et demi de ses bords que se fait le dégagement gazeux. Il n'est guère possible, comme on voit, de remplir des flacons de gaz dans de semblables conditions et d'autant moins que le dégagement ne se fait pas d'une manière continue en un point, mais tantôt ici, tantôt là et d'une façon intermittente. J'ai réussi à surmonter ces difficultés en employant un appareil que j'ai imaginé et que je crois devoir décrire parce qu'il peut rendre des services dans des circonstances analogues.

J'ai pris une grande cloche à douille, de 4 litres environ de capacité; j'ai bouché la douille avec un bouchon de caoutchouc qui portait un grand robinet; puis j'ai solidement fixé cette cloche à l'extrémité d'un long et fort bâton à l'aide de fils de fer disposés de telle façon que par une de leurs extrémités ils liaient solidement la douille au bâton, et par l'autre recourbée en crochet ils supportaient la cloche par ses bords. Avec cet appareil j'ai pu alors facilement recueillir les gaz et voici comment.

J'ai dû d'abord remplir la cloche d'eau; pour cela, ouvrant le robinet, j'ai enfoncé la cloche dans l'eau et j'ai fermé le robinet quand l'eau s'y est montrée. Prenant alors le bâton, j'ai dirigé la cloche en la tenant dans l'eau pour en diminuer le poids au-dessus des bulles gazeuses que je voyais arriver du fond du puits. La cloche a été rapidement remplie de gaz; je l'ai alors ramenée au bord et j'ai adapté un tube de caoutchouc au robinet; l'extrémité de ce tube a été plongée dans une terrine pleine d'eau. Ouvrant alors le robinet et appuyant sur la cloche, j'ai fait sortir le gaz; après en avoir perdu une certaine quantité pour purger le tube, je l'ai dirigé dans des flacons pleins d'eau. J'ai recueilli ainsi une provision plus que suffisante de gaz, dont j'ai pu faire l'analyse immédiate.

ment et sur place, grâce au laboratoire que possède l'établissement et qu'on doit aux soins de l'administration actuelle.

J'ai reconnu que le gaz du Limbe était un mélange formé uniquement d'azote, d'oxygène et d'acide carbonique et que ces trois corps s'y trouvaient dans les proportions suivantes :

Azote.	89.28	pour 100 parties.
Oxygène.	2.58	—
Acide carbonique. . . .	7.14	—

Ces chiffres sont le résultat de plusieurs essais concordants dans lesquels l'oxygène a été dosé tantôt par le phosphore, tantôt par l'acide pyrogallique.

Mais la composition de ce gaz ne me paraît pas constante. En effet, à quelques jours de là, j'ai recueilli de nouveau du gaz, et l'analyse ne m'a pas donné les mêmes chiffres ; voici ceux que j'ai obtenus cette fois :

Azote.	92
Oxygène.	2.4
Acide carbonique	5.6

Comme on le voit, le gaz que rejette le puits du Limbe est de la même nature que l'air atmosphérique, c'est-à-dire composé des mêmes principes ; mais il diffère beaucoup de l'air par les proportions dans lesquelles ces principes sont associés. Aussi ses propriétés sont-elles tout autres ; c'est une *mofette*, comme disaient les anciens, c'est-à-dire un air irrespirable et impropre à la combustion.

Gaz dissous. — Les gaz en dissolution dans l'eau ont été extraits par l'ébullition et recueillis dans une éprouvette sur le mercure. Le volume gazeux récolté a été soigneusement débarrassé de l'acide carbonique, puis mesuré et analysé par le phosphore. Voici, toutes corrections faites pour la température et la pression, les quantités de gaz fournies par les cinq sources et la composition de ces gaz:

SOURCES	QUANTITÉ DE GAZ POUR UN LITRE D'EAU	COMPOSITION		COMPOSITION P.%	
		AZOTE	OXYGÈNE	AZOTE	OXYGÈNE
Limbe.	13^{cc}	11^{cc}	2^{cc}	84,72	15,38
Saint-Léger. . . .	14	11,5	2,5	78,27	21,73
Valois.	14,5	11,5	3	79,31	20,69
Reine.	13,5	11,1	2,4	82,23	17,77
Descures.	13	12	1	92,31	7,60

Ce tableau montre que la quantité de gaz tenue en dissolution dans l'eau est relativement faible; cela peut s'expliquer par la température élevée de l'eau qui abaisse le coefficient de solubilité du gaz; cette explication se confirmerait par ce fait que c'est dans les eaux les moins chaudes, telles que Valois et Saint-Léger, que se trouve le plus de gaz.

Je ne crois pas que la composition du gaz pris ainsi dans l'eau du puits soit toujours la même; elle doit à mon avis être soumise à une influence causée par le travail vital qu'exécutent les conferves dans l'eau et par conséquent en subir les variations. Mais c'est là une supposition qui demande à être vérifiée par l'expérience.

Gaz des conferves. — Je me bornerai à donner ici et sans commentaire une analyse de ce gaz, attendu qu'il en sera traité plus tard dans le travail spécial que je prépare sur les conferves.

100 p. de gaz des conferves contiennent :

Azote.	75.6
Oxygène.	18.6
Acide carbonique.	5.8

Matières fixes. — Les divergences que l'on remarque quelquefois dans les analyses d'une même eau minérale tiennent souvent et uniquement à la différence des procédés de dosage employés par leurs auteurs ; aussi je crois que la connaissance de ces procédés permettrait dans bon nombre de circonstances de rectifier ces analyses et de rétablir l'accord dans leurs résultats. C'est pour cela que je donnerai ici, aussi succinctement que possible, l'indication des méthodes que j'ai suivies pour déterminer le poids des diverses substances dont l'analyse qualitative m'avait démontré l'existence dans les eaux de Bourbon-Lancy.

Poids total des matières fixes. — Un décilitre d'eau a été évaporé au bain-marie dans une capsule de verre mince tarée et ne pesant pas plus de 15 grammes ; le résidu ayant été séché autant que possible à la température de l'eau bouillante, la capsule a été portée dans une étuve où elle a été chauffée à 150° pendant plusieurs heures jusqu'à ce que son poids restât constant. Voici rapportés à un litre d'eau les poids que j'ai trouvés :

Limbe.	1 gr. 715
Saint-Léger	1 gr. 73
Valois	1 gr. 73
Reine	1 gr. 73
Descures	1 gr. 74

Ces chiffres sont très rapprochés les uns des autres, comme on le voit ; mais j'ai des raisons pour croire qu'ils doivent l'être davantage. En effet j'ai remarqué que le résidu le moins coloré, le plus blanc, était celui du Limbe, que le plus coloré était celui de Descures. Si, comme je le suppose, cette différence dans la coloration est due à la présence dans ce dernier d'une quantité plus grande de matière organique, il s'ensuivrait que tous ces résidus, s'ils étaient privés de cette matière, auraient tous le même poids. Quoi qu'il en soit de cette supposition, ce premier résultat tel qu'il est mérite d'être remarqué.

Titre hydrocalimétrique. — Dans le cours de mes recherches qualitatives, j'ai constaté que les eaux de Bourbon contenaient des bicarbonates qui leur donnaient une réaction alcaline ; il m'intéressait d'apprécier tout d'abord la quantité de ces bicarbonates et de voir ainsi la différence que les sources pouvaient présenter entre elles sous ce rapport. J'ai donc procédé à leur titrage hydrocalimétrique.

Sous le nom d'hydrocalimétrie, j'ai fait connaître, il y a quelques années, une méthode qui permet de déterminer rapidement et exactement la mesure des bicarbonates alcalins ou terreux existant dans une eau. D'après cette méthode, dont je ne puis faire connaître ici que le principe, l'alcalinité d'une eau qui peut provenir de plusieurs bicarbonates réunis dans cette eau, celui de soude, de potasse, de chaux, de magnésie, est considérée comme si elle était due uniquement à l'un d'eux, celui de soude, et mesuré à l'aide d'une liqueur contenant sous un volume déterminé une quantité connue d'acide sulfurique. C'est un véritable titrage alcalimétrique dont les résultats sont exprimés en bicarbonate de soude. Le titre hydrocalimétrique d'une eau, c'est la quantité en poids de bicarbonate de soude à laquelle correspond la quantité des divers bicarbonates contenus dans un litre de cette eau. J'ai donc procédé ainsi au titrage des cinq sources et en voici les résultats :

Limbe.	0 gr. 323
Saint-Léger	0 gr. 33
Valois.	0 gr. 34
Reine	0 gr. 33
Descures	0 gr. 33

(1) *De l'hydrocalimétrie.* Méthode nouvelle d'analyse des eaux minérales dites bicarbonatées, par A. Glénard. Lyon, 1871.

On ne peut moins faire d'être frappé de la concordance de ces chiffres, et si on la rapproche de celle observée plus haut au sujet des résidus fixes, on est bien près de conclure à l'identité des cinq sources. Je n'ai pas cru cependant pouvoir l'admettre dès à présent ; j'ai pensé qu'il fallait attendre pour me prononcer le résultat des analyses ; mais pour que cette identité, si elle existait réellement, pût se produire d'une manière nette et précise, j'ai compris qu'il était nécessaire que tous les dosages que j'avais à faire sur les cinq sources fussent effectués dans des conditions tout à fait semblables et j'ai agi en conséquence.

Chlore. — J'ai d'abord dosé le chlore à l'état de chlorure d'argent ; l'opération a porté sur 100 c. c. d'eau.

J'ai contrôlé le résultat ainsi obtenu par un dosage volumétrique à l'aide d'une liqueur titrée de nitrate d'argent. J'ai opéré sur 20 c. c. d'eau additionnée de quelques gouttes de bromate de potasse. Les chiffres fournis par ce procédé ont confirmé ceux donnés par la pesée.

Acide carbonique. — Un litre d'eau a été additionné de 20 cc. d'une solution de chlorure de baryum et d'ammoniaque ; le précipité de carbonate de baryte a été transformé en sulfate qui a été pesé après avoir été lavé et calciné. Le poids de ce sulfate a donné celui de l'acide carbonique.

Acide sulfurique. — L'essai qualitatif ne m'ayant indiqué que des traces d'acide sulfurique j'ai dû opérer sur une quantité notable d'eau. J'en ai donc pris un litre que j'ai additionné d'acide chlorhydrique, puis évaporé doucement dans une capsule de platine jusqu'à réduction à 250 c. c. J'ai précipité alors par le sel de baryte, puis après lavage et calcination, pesé le sulfate.

Soude. Potasse. — J'ai suivi pour le dosage de ces alcalis la méthode que j'ai déjà indiquée en parlant des recherches qualitatives, méthode classique et trop connue pour que je croie utile d'entrer ici dans le détail des opérations successives que j'ai dû exécuter. J'ai agi sur un litre de chaque source.

Silice, chaux, magnésie, oxydes de fer et de manganèse. — Cinq litres de chaque source additionnés d'un excès d'acide chlorhydrique ont été évaporés à sec dans une capsule de platine. Le résidu, chauffé en présence d'acide chlorhydrique concentré et séché, a été dissous dans de l'eau additionnée d'acide chlorhydrique. La silice restée insoluble a été recueillie sur un filtre, lavée avec soin, puis calcinée et pesée. Dans le liquide filtré, le fer et le manganèse ont été précipités par le sulfhydrate ammonique, puis après séparation des sulfures et décomposition du sulfhydrate d'ammoniaque en excès, la solution a été évaporée à siccité. Le résidu repris par l'eau a donné une nouvelle solution dans laquelle, par l'emploi successif de l'oxalate d'ammoniaque et du phosphate de soude dans les conditions voulues, la chaux et la magnésie ont été séparées et dosées.

Les sulfures ont été dissous par l'acide chlorhydrique sur le filtre même où ils avaient été recueillis ; quelques gouttes d'acide azotique ont été ajoutées à la solution que l'on a chauffée pour suroxyder le fer ; les métaux ont été précipités ensemble à l'état d'oxydes par la potasse. Le dépôt qui s'est produit après quelque temps était très peu abondant, je n'ai pas cru devoir tenter la séparation des oxydes ; je l'ai recueilli tel quel, lavé, calciné à l'air et pesé en bloc.

Arsenic. — En raison de l'intérêt tout spécial que présente la connaissance des proportions quelque minimes qu'elles soient d'arsenic qui existent dans les eaux minérales, j'ai dû chercher à déterminer la quantité de ce métalloïde que pouvaient contenir les eaux de Bourbon. Voici l'opération que j'ai faite dans ce but : cinq litres d'eau ont été évaporés à sec ; le résidu tel quel a été dissous dans de l'acide chlorhydrique étendu de son volume d'eau. Ce liquide a été ensuite introduit peu à peu dans un appareil de Marsh contenant du zinc pur et déjà en activité. Le gaz au sortir de l'appareil se filtrait à travers une colonne de coton, puis arrivait dans un tube étroit. Ce tube était chauffé au rouge sur une étendue de 10 centimètres et protégé en ce point par une enveloppe de clinquant ; un étranglement avait été ménagé à une petite distance de la partie chauffée ; l'extrémité recourbée à angle droit plongeait dans de l'acide nitrique. Le gaz hydrogène arsénié en passant dans ce tube se décomposait en y laissant l'arsenic et l'acide azotique qu'il traversait, retenait ce qui avait pu échapper à l'action de la chaleur. L'opération conduite lentement a duré cinq heures ; lorsque je l'ai jugée terminée, j'ai rassemblé dans l'étranglement tout l'arsenic et j'ai formé ainsi un bel anneau très brillant. J'ai alors coupé le tube aux deux extrémités de l'anneau et j'en ai pris le poids. J'ai ensuite enlevé l'arsenic au moyen de l'acide nitrique, j'ai lavé et séché le petit tube et l'ai pesé de nouveau. Les deux pesées faites à un petit trébuchet très sensible m'ont donné une différence d'un demi milligramme qui représente la quantité d'arsenic qui s'était déposée dans l'étranglement du tube.

J'ai examiné ensuite l'acide azotique et n'y ai pas trouvé trace de matière arsenicale.

Pour être bien sûr que l'arsenic recueilli dans cette expérience ne provenait pas des réactifs, j'ai fait une opération exactement semblable, dans laquelle j'ai employé une quantité d'acide chlorhydrique environ moitié plus forte que celle que j'avais consommée dans l'essai précédent. Cette opération à *blanc* n'a produit dans le tube étranglé qu'une très légère coloration brunâtre, et le tube pesé avant et après le nettoyage n'a manifesté aucune différence de poids.

Ainsi donc les cinq litres d'eau essayé contiennent 0 gr. 0005 d'arsenic, soit 0 gr. 0001 par litre, ce qui représente 0 gr. 00015 d'acide arsénique ($As\ O^5$) si, comme on le pense généralement, c'est à cet état que se trouve l'arsenic dans les eaux minérales.

Je n'ai dosé l'arsenic que dans une seule source, la Reine, mais je ne crois pas me tromper en disant que les autres donneraient le même résultat.

Ammoniaque. — Il m'a paru intéressant, à cause du rôle que j'attribuais à l'ammoniaque vis-à-vis des conferves, de déterminer au moins approximativement la quantité de cet alcali contenue dans les eaux de Bourbon. Pour faire cette détermination d'une façon rapide, j'ai eu recours à une méthode basée sur l'emploi du réactif de Nesstler et dans laquelle la quantité d'ammoniaque contenue dans un liquide est évaluée par la coloration que ce réactif imprime à ce liquide. J'ai suivi rigoureusement les indications minutieuses données par M. Grandeau dans son traité des matières agricoles. J'ai trouvé que les sources de Bourbon ne se comportaient pas de même. Celle qui m'a paru contenir le plus d'ammoniaque est la source Valois; elle a donné une coloration semblable à celle que donne un même volume d'eau distillée contenant 0, gr. 0005 par litre; les autres se sont comportées comme si elles contenaient, Reine et Limbe 0, gr. 00025, Saint Léger et Descures moins encore.

Cette proportion d'ammoniaque est faible, et cependant on la trouvera certainement plus que suffisante pour assurer la vie des conferves si l'on songe à la quantité d'eau qui circule incessamment dans les puits où elles végètent.

L'iode, l'acide phosphorique et la lithine n'ont pas été dosés; diverses circonstances m'en ont empêché; mais je me propose bien de combler plus tard cette lacune.

Je dois maintenant faire connaître les résultats de ces

analyses que j'ai exécutées dans les conditions qui viennent d'être indiquées. Ces résultats sont exposés dans le tableau suivant, où je les ai réunis afin qu'on puisse plus facilement comparer les cinq sources entre elles au point de vue de leur composition quantitative.

POIDS DES PRINCIPES CONSTITUANTS
FOURNIS PAR UN LITRE DE CHAQUE SOURCE

SUBSTANCES DOSÉES	LIMBE	S.-LÉGER	VALOIS	REINE	DESCURES
	GRAMMES	GRAMMES	GRAMMES	GRAMMES	GRAMMES
Résidu fixe, séché à 150°	1,715	1,73	1,73	1,73	1,74
Titre hydrocalimétr. .	0,323	0,33	0,34	0,33	0,33
Chlore.	0,7841	0,7960	0,7900	0,7865	0,7850
Acide sulfurique (SO^3).	0,0641	0,0695	0,0703	0,0707	0,0700
Acide carbonique. . .	0,1882	0,1910	0,1914	0, 1912	0,1906
Silice.	0,0732	0,0670	0,0718	0,0708	0,0670
Soude.	0,7114	0,7218	0,7114	0,7220	0,7136
Potasse.	0,0403	0,0424	0,0423	0,0411	0,0420
Chaux.	0,1090	0,1144	0,1130	0,1080	0,1100
Magnésie.	0,0052	0,0045	0,0045	0,0054	0,0045
Oxyd. fer et manganèse.	0,0016	0,0014	0,0015	0,0014	0,0016
Arsenic.	0,0001	»	»	»	»
Ammoniaque	0,00025	0,0001	0,00025	0,0025	0,0001

Quand on examine ce tableau, quand on compare entre eux colonne à colonne les chiffres qui y sont inscrits, on est frappé de leur ressemblance. On voit en effet que ces chiffres sont quelquefois les mêmes et que, quand ils ne le sont pas, il s'en faut de bien peu, de quelques milligrammes seulement. Ces différences sont si faibles qu'on serait tenté de les considérer comme résultant des opérations mêmes de l'analyse. Moi-même je me suis demandé si en analysant cinq fois la même source, je n'aurais pas obtenu des chiffres présentant entre eux des différences semblables, et ce n'est qu'après avoir répété certains dosages, celui du chlore entre autres, que ma conviction s'est faite à ce sujet.

Je considère que le tableau précédent représente aussi fidèlement que possible les quantités des divers principes qui entrent dans la constitution des eaux de Bourbon ; que par conséquent les quantités varient réellement d'une source à l'autre, mais ces résultats n'en confirment pas moins à mes yeux cette idée que j'ai déjà émise que les puits de Bourbon sont alimentés par une seule et même source. Les eaux de ces puits peuvent varier entre elles par le fait de certaines circonstances que je ne saurais préciser pour le moment, mais ces variations sont trop faibles pour qu'on puisse attribuer à ces eaux des origines différentes.

Les analyses qui viennent d'être rapportées nous ont fait connaître en qualité et en quantité les éléments dont se compose l'eau de Bourbon-Lancy ; mais cela ne saurait nous suffire ; il nous faut encore savoir sous quelle forme, sous quel état de combinaison ils s'y trouvent. Car à proprement parler, il n'y a dans l'eau ni potasse, ni soude, ni chlore, ni acide sulfurique ; il y a seulement un certain nombre de composés auxquels ces corps en s'unissant ont donné naissance. Or c'est dans ces composés que résident réellement les propriétés de l'eau qu'ils minéralisent ; si donc on veut comprendre la manière d'être chimique de cette eau, son mode d'action thérapeutique, c'est à connaître ces composés qu'il importe surtout de s'appliquer.

J'ai donc dû chercher à rétablir en leur état primitif les principes minéralisateurs trouvés dans l'eau de Bourbon, c'est-à-dire à reconstituer tels qu'ils existaient les composés d'où l'analyse les avait séparés.

Mes recherches m'ont amené à admettre que ces principes sont associés de telle façon qu'ils forment l'ensemble des composés suivants : chlorure de sodium, sulfate de potasse et de soude, bicarbonates, etc.

Ce mode de groupement diffère notablement de ceux qui ont

été donnés successivement par Berthier en 1826 et par Tellier et Laporte en 1858 ; cela m'oblige à donner ici quelques explications sur les raisons qui me l'ont fait adopter.

Tellier et Laporte, dans l'interprétation qu'ils ont faite des résultats de leurs analyses, dans la manière suivant laquelle ils ont associé les bases et les acides dont ils avaient reconnu l'existence, me paraissent avoir appliqué cette méthode qui consiste à partager chaque acide entre les diverses bases, de façon à former autant de sels d'un acide qu'il y a de bases. C'est ainsi que nous voyons le chlore partagé entre le sodium, le calcium et le magnésium, et que par suite nous trouvons trois chlorures dans la série des composés salins. Tellier et Laporte n'ont pas trouvé la potasse, sans cela ils auraient certainement ajouté un quatrième chlorure aux précédents, celui de potassium. Je ne veux pas discuter et encore moins repousser absolument les idées théoriques sur lesquelles se fonde la méthode suivie par ces chimistes, mais je crois que dans l'application on doit tenir un grand compte des indications fournies par l'expérience. Or ici les indications que j'ai recueillies, les faits que j'ai observés dans le cours de mes recherches, contredisent ce partage du chlore, cette existence de plusieurs chlorures dont je viens de parler.

En effet, quand on dissout dans l'eau distillée le produit de l'évaporation de quelques litres d'eau minérale, les chlorures qui sont des sels solubles doivent nécessairement se dissoudre ; la solution contiendra donc tout le chlorure de calcium et en partie au moins, sinon en totalité, le chlorure de magnésium, qui existaient dans l'eau évaporée ; elle devra par conséquent offrir les caractères des sels calcaires, c'est-à-dire précipiter plus ou moins abondamment par l'oxalate d'ammoniaque ; or j'ai constaté qu'une semblable solution faite avec les sels solubles provenant de 20 litres d'eau et assez fortement concentrée, ne contenait que des traces de chaux. Ce fait que j'ai indiqué dans l'exposé de mes recherches qualitatives, démontre d'une façon évidente l'absence du chlorure de calcium dans le résidu de l'évaporation de l'eau, et comme rien ne peut faire supposer que ce sel ait pu se décomposer pendant l'évaporation de l'eau, j'en conclus qu'il n'existe pas davantage dans l'eau. Je crois donc qu'il n'y a dans l'eau qu'un seul chlorure, celui de sodium.

Berthier ainsi que Tellier et Laporte font figurer le sulfate de chaux parmi les composés salins de l'eau ; j'ai cru devoir l'en exclure, attendu que dans cette même solution des sels solubles où je ne constate que des traces de chaux ; je trouve comme je l'ai indiqué autre part une quantité assez notable d'acide sulfurique pour me croire autorisé à considérer cet acide comme étant à l'état de sel soluble, c'est-à-dire de sulfate alcalin.

Dans l'analyse de Berthier, dans celles de Tellier et Laporte sont indiqués les carbonates de chaux et de magnésie ; dans les miennes, j'indique des bicarbonates de ces mêmes bases plus ceux de soude et de fer ; là encore je me trouve en désaccord avec mes devanciers ; cela m'oblige à donner ici quelques nouvelles explications.

Tout d'abord je dirai que l'existence des bicarbonates que j'ai signalés est incontestable ; elle est surabondamment prouvée par les faits suivants dont j'ai parlé autre part ; alcalinité de la solution des sels solubles due certainement à un carbonate alcalin ; dégagement assez abondant d'acide carbonique par l'ébullition en même temps que formation d'un dépôt de carbonates dans lequel on trouve de la chaux, de la magnésie et des oxydes de fer et de manganèse ; essai hydrocalimétrique qui accuse une proportion notable de matière alcaline. Ceci admis, si je compare mon analyse avec celle de Berthier et en laissant de côté le bicarbonate de soude qui n'a pas été reconnu par lui, je m'aperçois, en examinant attentivement les choses, qu'entre nos analyses il y a divergence de forme et non de fond, il y a seulement divergence dans l'interprétation d'un même fait. En effet, je remarque que Berthier signale une quantité assez importante d'acide carbonique libre, tandis que je n'en indique pas, et j'en conclus que Berthier n'a fait que séparer ce que j'ai réuni. Berthier considère que cet acide carbonique qu'il a obtenu par l'ébullition de l'eau, se trouvait à l'état libre dans ce liquide et qu'il lui communiquait seulement la propriété de dissoudre le carbonate neutre de chaux ; pour moi cet acide carbonique n'est pas à l'état de liberté, en simple dissolution, il est uni intimement au carbonate de chaux, il forme ainsi le composé chimique défini que j'appelle bicarbonate de chaux et qui est par lui-même soluble dans l'eau. Que l'on représente les résultats de l'analyse sous la forme de carbonate de chaux et d'acide carbonique, ou sous la forme de bicarbonate de chaux, cela ne change rien au fond ; le désaccord n'existe donc pas réellement entre Berthier et moi.

Mais ce raisonnement n'est pas applicable aux analyses de Tellier et Laporte. Ces chimistes n'ayant pas fait mention de l'acide carbonique libre, je ne sais que penser au sujet des carbonates de chaux et de magnésie qui figurent dans leurs analyses, je ne puis que constater le désaccord qui existe entre nous et persister dans ma manière de voir.

Je ne m'étendrai pas davantage sur ce sujet ; j'en ait dit assez, je l'espère, pour justifier l'arrangement que j'ai donné aux substances fixes de l'eau de Bourbon, car on doit voir que pour établir l'ensemble des composés salins par lesquels je le représente, j'ai surtout suivi les indications de l'expérience.

C'est donc sur les données que je viens de dire que j'ai fait la répartition des bases et des acides et que j'ai déterminé par le calcul la quantité de chacun des composés qui entrent dans la constitution de l'eau ; j'ai été amené ainsi à établir le tableau suivant :

COMPOSITION DES SOURCES MINÉRALES DE BOURBON-LANCY

	LIMBE	S.-LÉGER	VALOIS	REINE	DESCURES
Gaz dissous Azote.	11 cc.	11 cc. 5	11 cc. 5	11 cc. 5	12 cc.
— Oxygène	2	2 5	3	2 4	1
	GRAMMES	GRAMMES	GRAMMES	GRAMMES	GRAMMES
Chlorure de sodium	1,2919	1,3116	1,1317	1,2960	1,2935
Iodure	appréciable	»	»	»	»
Sulfate de potasse.	0,0746	0,0785	0,0783	0,0767	0,0777
— soude	0.0528	0,0592	0,0550	0,0628	0,0583
Bicarbonate de soude.	0,0094	0,0024	0,0070	0,0180	0,0137
— lithine	appréciable	»	»	»	»
— chaux.	0.2802	0,2948	0,2905	0,2776	0,2828
— magnésie . . .	0,0166	0,0144	0,0144	0.0172	0.0144
— fer et manganèse.	0,0020	0,0017	0,0018	0,0017	0,0020
— ammoniaque . .	0,0008	0,0003	0,0016	0,0008	0,0003
Silice	0,0732	0.0670	0,0718	0.0708	0.0670
Phosphate	appréciable	»	»	»	»
Arsenic	0,0001	»	»	»	»
Matières organiques	traces	»	»	»	»
TOTAL DES SUBSTANCES FIXES.	1,8016	1.8299	1,8221	1,8216	1,8097

Je dois faire remarquer que les résultats numériques consignés dans ce tableau sont en parfaite concordance avec certaines indications générales fournies par l'analyse directe, qu'ainsi le chiffre des bicarbonates est le même que celui donné par le titrage hydrocalimétrique ; que le total des matières fixes est aussi le même que le poids du résidu obtenu par l'évaporation.

En effet, prenons une source au hasard, la Reine par exemple. Par le titrage hydrocalimétrique j'ai trouvé que pour un litre d'eau il y avait une quantité de bicarbonates équivalente à 0 gr. 33 de bicarbonate de soude ; or d'après le tableau, l'eau contient :

0,0180 — $NaO, 2CO^2$
0,2776 — $CaO, 2CO^2$
0,0172 — $MgO, 2CO^2$

Si par le calcul on transforme en bicarbonate de soude ceux de chaux et de magnésie, ce qui peut se faire aisément en partant de ce fait que les équivalents de bicarbonates de soude, de chaux et de magnésie sont entre eux comme les nombres 75, 72, 64, on trouve que

$$0{,}2776\ CaO,2CO^2 = 0{,}29122\quad NaO,2CO^2$$
$$0{,}0172\ MgO,\ »\ = 0{,}0201\quad »\ »$$

ce qui donne 0,3112 pour la quantité de bicarbonate de soude qui représente ceux de chaux et de magnésie. Si à ce chiffre on ajoute celui du bicarbonate de soude existant dans le liquide, soit 0,0180, cela donne un total de 0,3292, chiffre sensiblement égal à celui de 0,33 donné par le titrage.

En ce qui concerne le poids des matières fixes, l'accord n'est pas moins remarquable entre les résultats fournis par l'opération directe et celui qui ressort des chiffres du tableau.

En effet nous avons trouvé qu'un litre d'eau laissait par l'évaporation un résidu qui, séché à 150°, pesait 1 gr. 73. Dans ce résidu les bicarbonates primitifs sont à l'état de carbonates neutres, car ils ont perdu la moitié de leur acide carbonique.

D'un autre côté nous voyons que le total des composés salins inscrits au tableau s'élève à 1 gr. 8216; dans ce total figurent les bicarbonates. Il est bien évident que si de ce total on retranche la moitié de l'acide carbonique (0,0956) contenu dans les bicarbonates, le reste pourra être considéré comme le poids du résidu qu'on obtiendrait par l'évaporation d'un litre d'eau ; or ce reste est égal à 1 gr. 726, c'est-à-dire le même à quelques milligrammes près que celui donné par l'expérience.

Une pareille concordance méritait certainement d'être signalée, car à moins qu'on ne veuille la considérer comme un effet du hasard, il me semble qu'on doit y trouver une raison sérieuse pour croire à l'exactitude des analyses représentées par le tableau ci-dessus.

Après avoir déterminé, comme je viens de le faire, la composition des eaux de Bourbon-Lancy, on est naturellement conduit à se demander si ces eaux sont bien, en 1880, telles qu'elles étaient dans les temps anciens ; si elles ont conservé la nature et le degré de minéralisation quelles possédaient primitivement. C'est là une question très intéressante, surtout au point de vue médical, car elle revient à savoir si ces eaux jouissent toujours de ces propriétés thérapeutiques que leur attribuaient anciennement les médecins et à qui elles devaient leur célébrité.

Mais pour résoudre la question ainsi posée, il faudrait pouvoir comparer l'eau du temps actuel avec l'eau des temps passés ; les moyens nous manquent pour cela ; les anciens ne possédaient pas les procédés délicats de l'analyse chimique à l'aide desquels on parvient à séparer et à peser les principes constituants d'une eau et par suite à représenter celle-ci sous la forme d'un composé chimique qui se distingue des autres autant par la nature que par la quantité de ses composants. Nous ne savons donc pas comment était composée l'eau de Bourbon-Lancy, non seulement du temps des Romains, ni même à une époque beaucoup plus rapprochée de la nôtre, au siècle dernier ; il est par conséquent impossible de dire si l'eau actuellement présente la même composition que par le passé. Cependant on trouve dans divers ouvrages qui remontent à des époques plus ou moins lointaines des descriptions desquelles on peut conclure que ce qui caractérisait surtout les eaux de Bourbon c'était physiquement, la thermalité et chimiquement, le sel marin. Sous ce rapport on peut dire que ces eaux n'ont point changé, car elles ont toujours une haute température et le chlorure de sodium est aujourd'hui encore leur principe dominant.

Mais il est possible de comparer l'eau de Bourbon telle qu'elle est actuellement avec ce qu'elle était en 1826, époque où Berthier en a fait l'analyse. Or de cette comparaison il résulte que tous les principes minéralisateurs signalés en 1826 ont été retrouvés en 1880. Dans la dernière analyse figurent, il est vrai, des substances qui ne sont pas indiquées dans la première, mais cela n'implique en aucune façon un changement dans la constitution. En effet, si Berthier n'a pas indiqué l'iode ni la lithine, c'est que l'attention des chimistes n'avait pas encore été appelée sur ces corps dont la découverte était toute récente et qui n'existent le plus souvent qu'à l'état de traces dans les eaux; s'il n'a pas non plus indiqué l'arsenic, c'est que de son temps on ne soupçonnait pas la présence de ce métalloïde dans les eaux et qu'on ne possédait pas les procédés qui permettent aux chimistes d'aujourd'hui d'en déceler rapidement et sûrement des quantités infinitésimales. Laissant donc de côté ces substances, on peut dire que, qualitativement, l'eau de Bourbon n'a pas changé. On va voir que quantitativement il en est de même.

Il me suffira, pour le démontrer, de mettre en regard les quantités de chlore et, par suite, de chlorure de sodium obtenues en 1826 et en 1880 d'une des sources, celle de la Reine, que Berthier a seule analysée.

	Chlore	Chlorure de sodium correspondant
En 1826.	0,788	1,298
1880.	0,786	1,296

La comparaison de ces chiffres est frappante, elle montre jusqu'à l'évidence que, durant cette période de cinquante-quatre années, l'eau de la reine s'est maintenue exactement au même degré de minéralisation. Peut-on en conclure que ce même degré subsiste depuis plus longtemps encore, depuis bien des siècles ? Je ne vois aucune raison de supposer le contraire, attendu que la constance dans la composition est un des attributs des sources proprement dites. Pour moi je n'hésite pas à dire que l'eau de Bourbon telle que je l'ai trouvée en 1880 est de tous points semblables à celle à laquelle les reines de France venaient demander la santé ; à celle que recueillit le capitaine romain Nisinius et qui remplissait le splendide bain de César.

J'ai terminé l'exposé des recherches analytiques que j'ai faites sur les eaux de Bourbon-Lancy ; je n'ai pas la prétention d'avoir épuisé ce sujet ; loin de là ; je sais qu'il y a encore matière à de nouvelles recherches, à de nouvelles déterminations. N'ai-je pas moi-même laissé de côté le dosage de l'iode, de la lithine, de l'acide phosphorique ? Mais je n'abandonne pas cette étude et je compte bien la compléter. Telle qu'elle est cependant, je crois pouvoir dire qu'elle n'était pas inutile et qu'elle n'a pas été sans fruits. J'en résumerai les principaux résultats sous la forme des conclusions suivantes :

Les eaux de Bourbon-Lancy sont thermales et minérales.

Leur température au point d'émergence de la source doit être d'environ 60°; dans les puits elle varie de 56° à 45° ; cette variation est en rapport avec la quantité d'eau qui pénètre dans chaque puits dans un temps donné.

Leur minéralisation peut se représenter par du chlorure de sodium qui est de beaucoup le principe dominant au point de vue quantitatif, par un ensemble de bicarbonates et par un certain nombre de substances (iode, arsenic, etc.) en très minime proportion.

Ce sont donc des eaux à la fois chlorurées sodiques, bicarbonatées mixtes, iodurées et arsenicales.

Les propriétés médicales de ces eaux sont de deux ordres ; les unes proviennent de la thermalité, les autres de la composition chimique.

Ces dernières ont pu être contestées par Berthier à la suite de son analyse de l'eau de la Reine, dans laquelle il n'avait trouvé qu'une faible quantité de substances minérales d'une action thérapeutique peu prononcée; mais on ne saurait refuser ces propriétés aujourd'hui à ces eaux constituées comme le montrent mes analyses. Je suis convaincu quant à moi que, méthodiquement administrées à l'intérieur, les eaux minérales de Bourbon-Lancy offrent un moyen curatif applicable dans un grand nombre de cas et qui mérite toute l'attention du médecin hydrologiste.

FIN

LYON. — IMPRIMERIE PITRAT AINÉ, RUE GENTIL, 4

www.ingramcontent.com/pod-product-compliance
Lightning Source LLC
LaVergne TN
LVHW050455160826
845677LV00003B/792

* 9 7 8 2 3 2 9 6 7 1 4 3 7 *